눈 부 신
것 들 은
가 끔
서 툴 다

눈부신
것들은
가끔
서툴다

구혜온 시집

바른북스

프롤로그

반짝이는 것들은 언제나 아름답다.
하지만 그 빛은 종종 어딘가 불안하고, 조심스럽다.

너무 밝아서 제대로 보지 못했던 얼굴,
너무 간절해서 말이 되지 못한 마음,
그런 것들이 내게 오래 남았다.

이 시집은 완벽하지 않은 마음,
서툴지만 끝내 사라지지 않았던 감정들에 대한 기록이다.
그리고 그 모든 눈부심이 사랑이었다는, 작은 믿음에 대하여.

구혜온

목차

프롤로그

| 1부 |

꺼내지 못한 마음

어떤 날의 사랑은 문장이 아니었다	14
느리게 걷는 꽃	16
마음이 익어가는 계절에	18
바람이 불었다	20
사랑의 잔해	21
혼자 걷는 법	22
봄이 나를 부를 때	24
사랑은 그렇게 남는다	26
부르지 않아도	28
작고 단단한 꿈	30
이름 모를 꽃이 웃는 방식	32
슬픔 후에	34
잘 익은 귤 하나	35
빨리 피어나는 사랑	36
말은 많고 마음은 적다	38
민들레에게 배운 것들	40

기다림	42
마음은 아직도	44
고요한 사람	46
봄에 깨달은 것	47
작은 나무 하나가 자란다	48
무언의 위로	50
싫어지는 일	52
급체	54
어디쯤 멈춘 마음	56
겨울, 기억의 한켠	57
달빛의 노래	58
사막	60
상처	62
강으로 다시 돌아가는 이유	64
쑥국을 끓이던 날	66

| 2부 |

흔들리고 남은 것들

동백은 조용히 떨어진다	70
고백	71
옆에 있어 줘서 고맙다	72
하루 일기	74
때가 아닌 순간	76
감기	78
늦은 고백	80
파도로부터	81
조금 더 오래 바라보는 마음	82
지워지지 않는 자리	84
하늘이 맑은 날엔	86
카페에서	88
고요히 건네는 마음	90
자라지 않은 기억	92
별의 자리	94
갈등의 파도	96

소풍이 끝나는 날   97

비 오는 날   98

잡초라는 이름으로   100

우체통 앞에 서면   102

네잎클로버   104

꽃향기   106

다시 닿을 수 없는 장면들   108

기억의 속도   110

겨울이 오면   112

꽃을 안고 걷는 여자   114

무너지지 않기 위해   116

멀리서 보면 아무 일도 아니었다   118

가을바람이 지나간다   120

책갈피에 남긴 밤   122

사이판에 남은 여름   124

빈곤   126

| 3부 |

그저, 거기에 있었다

프리지어 향기	130
순수의 종말	132
매화꽃 필 무렵	134
하늘 위에서	135
생일	136
나무의 시선	138
추억 회상	139
그날의 바람	140
가시	142
늦은 깨달음	144
어린 왕자	145
백년해로	146
비워진 순간 속에서	148
아무 이유 없이 웃는 날	150
수박주스	152
눈부신 것들은 가끔 서툴다	154

남은 자리	*156*
아득한 그리움의 기억	*158*
꿈	*160*
마음에 물을 주는 일	*162*
리티디안의 바람은 다 알고 있었다	*164*
밤 비행기	*166*
보이지 않는 일	*168*
소리를 삼킨 물결	*170*
사이다	*171*
일주일의 행복	*172*
너의 봄	*174*
말 대신 날개를 펼쳤다	*176*
불완전한 문장	*178*
가로수처럼	*180*
얇은 커튼	*182*

1부

꺼내지 못한 마음

어떤 날의 사랑은 문장이 아니었다

사랑은
어떤 날에는
이름을 부르지 않고
어떤 날에는
말을 건네지 않았다

그 사람의 손끝이
조금 오래 머물다 가는 시간
눈을 피한 얼굴에
먼저 젖는 마음
사랑은 그런 방식으로
나를 스쳐 갔다

사랑을 설명하려던 날엔
나는 늘 실패했고
그저 조용히
벽에 기대앉아
그의 호흡만 따라갔다

우리는 서로를 안았다
그러나 꼭 껴안은 건
몸이 아니라
서로의 말하지 못한 조각들이었다

사랑은
긴 문장이 아니라
가끔은 쉼표처럼
가끔은 생략 부호처럼
아무 말도 하지 않은 채
그 자리에 남아 있었다

느리게 걷는 꽃

저기
마을 끝 늘어진 길 따라
허리를 반쯤 접고 걷는 노인들이 있다

눈은 흐릿하고
손등은 마른 나뭇잎 같지만
그들 안엔
오래된 봄,
몇 번의 눈물,
그리고 놓지 못한 이름 하나쯤 들어 있다

그들은
아침 햇살에 이불을 털고
고양이에게 말을 걸고
우편함을 두 번쯤 열었다 닫는다

조금 느리게 걷지만
그 발걸음마다
지나온 날들의 계절이 들꽃처럼 피어나고

입가의 주름은
웃음의 길로 다듬어져 있다

누군가는 말한다
끝이 다가왔다고
하지만 그들은 안다
삶의 끝자락은
조금 더 깊어지는 일이라는 것을

뜨거운 찻잔 위에 피어나는 추억들을 떠올리며
살아 있다는 것이 참 고맙다고
아무도 모르게 기도하는 사람들

그들의 뒷모습은
하루하루 지는 해를 품은 꽃 같다
느리지만, 마지막까지
참 곱게도 피어난다

마음이 익어가는 계절에

아침 공기가
어느새 스웨터를 기억해 냈다

햇살은 깊고
바람은 얇고
나뭇잎은 조금씩 자신을 놓아주는 계절

한쪽 골목엔
감이 붉게 물들고
누군가는
조용히 고구마를 굽는다

가을이 오면
사람들의 말투도
조금 느려지고
눈빛은
자주 멀리 머문다

무언가 잃어버린 것 같지만

무언가 다시 찾게 되는 계절
잊고 있던 이름 하나
서랍 속 편지 한 장
다시 꺼내어 보게 된다

그리고 문득,
가을이라는 계절이
그리움과 참 많이 닮았다는 걸
혼자 걷는 길 위에서 깨닫는다

바람이 불었다

아무 일도 없던 날
창밖으로부터
바람이 들어왔다

나뭇잎들이 먼저 알아차리고
살랑살랑 서로 인사했다
그 소리에
나도 마음을 조금 열었다

어디 다녀온 것도 아닌데
괜히 기분이 좋아졌다
가만히 앉아 있는데도
세상이 나를 먼저 다녀갔다

사랑의 잔해

서로 미치도록 사랑할 때
아름다웠던 모든 시간들도
이별 앞에서는 초라하게
산산이 부서진다

영원할 것 같던 많은 약속도
간지러운 속삭임도
함께 그려나간 미래도
없던 것들이 되어버린다

누군가는 기억조차 하기 싫어지고
다른 누군가는 영원히 가슴에 묻고
살아간다
영원히 맞춰지지 않는
서로 다른 조각들을 간직한 채

혼자 걷는 법

이제는
누구에게 기대지 않아도
내가 나를
꽤 잘 다독인다

속상한 날에도
누구 탓하지 않고
조용히 나무들 옆에 서서
바람을 한참 바라본다

누가 없다고
무너지지 않고
누가 있다고
덜 외롭지도 않다는 걸
살다 보니 알게 되었다

그래서 나는
사람에게 너무 기대지 않고
기댄다 해도

마음의 한 귀퉁이쯤이면 족하다

오늘도
허리 펴고 혼자 걷는다
걸을수록
내 그림자가 더 선명해지는 게
왠지 든든하다

봄이 나를 부를 때

그날
햇살이 유난히 말랑했고
골목 끝 매화 한 송이가
먼저 봄을 부르고 있었다

자전거를 끌고 가는 아이
셔츠 소매를 걷어 올린 사람들
멍하니 하늘을 올려다보는 이까지
모두가 봄의 이름을
각자의 방식으로 부르고 있었다

길가에 핀 민들레 한 송이에
괜히 마음이 머물고
따뜻한 바람에
어깨가 조금 느슨해지는 날

무언가 시작해도 괜찮을 것 같은 날엔
세상이 나를 먼저 안아주는 것 같다
그저 말없이, 다정하게

그래서 나도

오늘만큼은

누군가에게 봄처럼

따뜻한 사람이 되고 싶다

사랑은 그렇게 남는다

같은 시간에 눈을 뜨고
각자의 방향으로 하루를 걸어도
우리는
하나의 집으로 돌아오는 사람들이다

당신은 말없이
따뜻한 물을 끓이고
나는 그 소리에
작게 안도한다

자주 다투고
가끔 토라지고
아무 일 아닌 걸로 서운해지기도 하지만

당신의 웃음에
나는 마음을 푼다
내 침묵에
당신은 먼저 다가온다

사랑은
드라마처럼 벅차오르지 않아도
냉장고에 당신이 좋아하는 간식이 있고

내가 좋아하는 노래가
집 안 어딘가에서 흘러나올 때
그렇게
문득, 조용히 남는다

우리는
같은 속도로 늙어가진 않겠지만
서로의 걸음을 기다려 줄 줄 아는,
서로에게 그런 사람이고 싶다

부르지 않아도

요즘 너는
잘 웃지 않는다
내가 하는 말엔
대답 대신
방문을 천천히 닫는다

그 문 하나 사이에
내가 못 건너가는
강이 흐르는 것 같다

나는
네가 무사하기를 바라며
마음속에서
매일 너의 이름을 부른다

부르지 않아도
그 마음이 닿을까 봐
너를 더 조용히 생각한다

나로부터 멀어지는 널 보면
어떻게 더 가까워질 수 있을지
백 마디 말 대신
오래 바라보는 법을 연습하고 있다

작고 단단한 꿈

가끔은
행복이 무엇일까
스스로에게 물어본다

커피 한 잔 식지 않게 마시고
좋아하는 옷을 입고
마음 맞는 사람들과 만나 웃을 수 있다면
그게 다행이고
그게 바람이다

세상이 정한 속도에
뒤처져도 괜찮다
나는 나의 보폭으로
내 하루를 걸어갈 것이다

사랑도, 일도, 나라는 사람도
쉽게 잃지 않고
조금씩 더 단단해지고 싶다

무언가를 꼭 이루지 않아도
무너지지 않고
나를 지켜내며
오래오래
살고 싶다

그것이 요즘
내가 바라는
작고 단단한 꿈이다

이름 모를 꽃이 웃는 방식

길가에서
풀숲에서
돌 틈 사이 고요히 핀
작은 들꽃 하나를 보았다

누군가 불러주지 않아도
눈길 한번 닿지 않아도
한자리를 묵묵히 지키며
자신만의 빛으로 피어난 꽃

화려하지 않아도
계절을 따라 자신을 열고
햇살 아래 조용히 물드는 그 모습은
참, 사람을 닮았다

세상은
크고 반짝이는 것들에만 마음을 두지만
이제는 안다
아무도 보지 않는 자리에서

가장 오래 마음을 적시는 건
그런 들꽃이라는 걸

이름 없이 피어난 들꽃처럼
알아주는 이 없어도
세상을 조용히 아름답게 바꾸는 존재들이
오늘도 바람 속에서
작게, 그러나 깊게 웃고 있다

슬픔 후에

생각해 보면 슬픔은
갑자기 찾아오는 경우가 더 많았다
눈물이 마를 즈음
또 다른 슬픔이 등 뒤에 서 있었다
그것이 사소한 것이라고 할지라도
잠시 어딘가에 기대어 쉴 틈도 없이
밀려오는 슬픔을 오롯이 혼자 감당하며
그럭저럭 살아가고 있던 수많은 날들
그래도 어쩌면 그 속에서 미처
발견하지 못한 빛 한 줄기가 있지는 않은지
그 생각을 하기까지 왜 그리도 오랜 시간이 걸렸을까
당연하다고 생각했던 것 속에도
적지 않은 행복이 있었음에
슬픔의 무게를 짊어지고 살아가는 나란 존재를
사랑하는 이들이 있었기에
지금까지 잘 올 수 있었다는 사실을
슬픔이 지나간 후에 알 수 있었다

잘 익은 귤 하나

귤을 까는데
속이 알차게 찼다
껍질도 잘 벗겨지고
신맛도 없이 달콤했다

누군가에게 자랑할 일도 없고
기록할 만한 일도 아니지만
나는 그것 하나로
조금 더 착한 사람이 된 것 같았다

이런 날은
세상도 내 편인 것 같다

빨리 피어나는 사랑

눈을 맞추고
서로의 이름을 부르기도 전에
사랑이라고 말하는 사람들

함께 찍은 사진이
마음보다 먼저 남고
손을 잡은 기억보다
차단한 기록이 더 또렷이 남는 사랑

빨리 시작된 감정은
빨리 시들기도 하여
꽃이 피기도 전에
잎부터 떨어지곤 한다

그러면서도
또 다른 사랑을 향해
서툴게 마음을 내어주는
젊은 날의 순진한 용기

그래서 오늘도
기도하듯 바라본다
한 번쯤은
오래 머물러 줄 사랑이
그대에게 찾아가기를

마음보다
느린 걸음으로 다가와
쉽게 오지 않고
쉽게 사라지지 않는
사랑이기를

말은 많고 마음은 적다

다정한 말이
세상에 이렇게나 많은데
정작
그 말에 마음은 없다

밥은 한번 먹자면서
정작
시간을 내는 사람은 없다

웃고, 끄덕이고
핸드폰을 만지작거리며
'좋아요'를 누르지만
그 어느 누구도
진짜 내 얼굴을 본 적 없다

아는 사람은 많아졌는데
정말 나를 아는 사람은
줄어들고 있다

그리운 건 사람인데
흘러가는 건 말뿐이다

그래서 기도하는 마음으로
잠잠히,
진심을 간직한 한 사람을
기다려 본다

민들레에게 배운 것들

길가 사이사이
누가 일부러 심은 것도 아닌데
민들레 여러 송이 피어 있다

노랗게 웃고 있었고
작은 키로 바람을 견디고 있었고
아무에게도
자기 이야기를 하지 않았다

지나가는 사람들은
보지 못하거나
때로는 발로 밟고 갔다

그래도 민들레는
다시 피었다
다시 웃었다
다시, 그 자리를 지켰다

가끔은

사람보다
민들레에게서
더 많은 위로를 얻는다

바람이 불면
사라지는 줄 알았는데
오히려
그 바람에 퍼져가는 존재였다는 걸
나는
민들레에게서 배웠다

기다림

기다림은
약속된 시간보다
먼저 도착해 있는 마음이었다

그 사람의 발소리가
아직 들리지 않아도
나는 이미
작게 문을 열고
마음 한켠을 비워두고 있었다

기다린다는 건
지루한 일이 아니라
조용한 믿음을
한 겹씩 쌓는 일이었다

카페에 앉아
텅 빈 의자 쪽으로
가끔 시선을 보내는 것
핸드폰을 들었다가

다시 내려놓는 것
그 모든 조용한 동작들 속에
나의 마음은 그 사람을 조금씩
입장시키고 있었다

기다림은
사랑보다 앞서 오고
이별보다 오래 남는다
그리고
그 사람 없이도
그 사람을 품는 방식이 된다

마음은 아직도

거울 속에 비친 모습은
세월을 알고 있지만
마음은 아직도
길을 잃는다

사소한 말에 다치고
어느 밤의 냉기에
괜스레 눈물이 고이고
잊었다던 그 이름에
또 오래 멈춘다

사는 게 익숙해질 줄 알았는데
나이가 들어서도
사랑이 어렵고
이별은 여전히 아프다

하지만 이제는
아프다고 말하지 않고
그저 한 걸음

더 조용히
살아갈 뿐이다

마음이 약한 건
부끄러운 일이 아니라고
내가
나에게
위로를 건넨다

고요한 사람

요즘 나는
목소리가 커지는 사람보다
작게 웃는 사람이 좋다

많이 가진 사람보다
비우는 법을 아는 사람이
마음에 오래 남는다

그리고 무엇보다
자기 마음에 기대어 사는 사람이
참 부럽고
닮고 싶다

고요한 사람은
사람을 떠나보내도
자기 안에 온기를 남겨둔다

봄에 깨달은 것

올해도
꽃이 피는 걸 보았다
작년과 다르지 않은 자리에
또 그렇게 피어났다

누구는
계절이 반복된다고 하지만
그 자리에 다시 피어나는 건
기적 같은 일이다

올봄에는
한 송이 꽃처럼
무너졌던 마음 위에
조금씩
피어날 수 있을 것 같다

작은 나무 하나가 자란다

처음엔
두 손안에 쏙 들어오던 아이가
이제는 내 눈을 바라볼 만큼
자라기 시작했다

말도 느리고
걸음도 어설펐던 그 작은 존재가
조금씩
세상의 빛과 바람을 배워가고 있다

넘어졌다가도
혼자 일어나는 법을 알고
이름보다 먼저
눈빛으로 마음을 말한다

하루하루가
조용한 기적이었다
키가 자라고
말이 늘고

세상을 보는 눈이 깊어지는 것

작은 나무 하나가
햇살을 머금고 자라듯
너도
오늘의 햇살을 품은 채
아름답게
커가고 있다

무언의 위로

지친 하루 끝에
따뜻한 그대의 손이
가만히 나의 손을 감쌌다

말은 없었지만
그 손엔
수많은 말이 들어 있었다
괜찮다고,
여기까지 잘 왔다고,
조금만 더 힘내서 함께 나아가자고

손이 따뜻한 사람은
마음도 따뜻한 거라고
그때 알았다

그 손을 잡는 일만으로
하루가 덜 아팠고
세상이
조금 덜 추웠다

사람이
사람을 살게 하는 건
가끔은
그저
그 손 하나일지도 모른다

깊어지는 일

계절이 바뀌는 소리를
예전보다 더 잘 듣게 되었다

이름 모르는 꽃에
오래 시선이 머물고
말보다 침묵이
덜 어색해졌다

조금씩
빠르게 반응하던 마음들이
느려지고
무언가를 잊는 대신
더 오래 바라보게 되었다

세상은 여전히
앞으로만 가고 있지만
가끔은
천천히 물러서는 것이
더 많은 것을 품는 일임을 알게 된다

시간은
무언가를 빼앗는 것이 아니라
다시 쓰게 하는
다른 언어일지도 모른다

급체

밥을 급하게 먹었다
허기졌던 건
배가 아니라 마음이었는지도 모르겠다

체해서 아팠다
가슴이 답답하고
숨이 막히고
눈물도 살짝 고였다

살다 보면
속도 마음도
가끔씩 이렇게
소화가 안 되는 날이 있다

참,
사는 게 뭔지
꼭꼭 씹지도 못하고
욱여넣다가
이렇게 아프다

이제는 알 것 같다

살아도

천천히 살아야 한다는 걸

어디쯤 멈춘 마음

어디쯤
자라기를 멈춘 마음이 있다

길게 뻗은 그림자를 보면
어른이 된 것 같기도 하지만
문득
사탕 가게 앞에서 망설이거나
투명한 풀잎을 들고
한참을 바라보는 걸 보면
그 마음은 아직
어디선가 뛰고 있다

가끔은
바람이 더 좋고
상상 쪽에 더 손이 가는 날이 있다

사람들은
철이 없다고 하지만
그것은
잃지 않은 쪽에 가까운 마음이다

겨울, 기억의 한켠

차디찬 바람이 불던 어느 겨울날
서로를 잃어버린 순간
하얀 눈이 마음을 덮어
그대 떠나는 모습 뒤로 흩날리던 눈처럼
나의 세상은 온통
깜깜한 밤으로 둘러싸이고
추억은 잔인하게 얼어붙었다
시리도록 추운 겨울이 가고 나면
모든 것이 녹아 사라질까
이별의 그림자까지도 겨울 끝에서
꼭 붙잡고 놓지 못한다
눈 내리는 어느 겨울밤
지독하리만큼 차갑고 시린 겨울의 이야기
다시 오지 않을 시절들의 기억은
꽁꽁 얼어붙어 영원히 사라지지 않기를

달빛의 노래

달빛이 머무는 곳엔
그림자도 조용하다

소리를 가지지 않은 빛은
무언가를 깨우지 않고
다만 쓰다듬는다

하루의 끝에서
말을 멈추는 나뭇잎들 위로
천천히 쌓이고 있는 것

어둠이 어려운 이에게
빛은 낮보다
더 부드럽게 닿을 수 있다는 것을
가르쳐 주는 일

아무것도 묻지 않으면서
모든 것을 비추는 것
이해하지 못해도

느낄 수 있는 일

그것이
달빛이 사랑을 건네는 방식이다

사막

물러나지 않는
모래와 빛과
그 사이를 걷는 고요한 발자국들

사막은 감정을 다 써버린 마음이
마지막으로 눕는 자리 같았다

그곳엔
눈물도
말도
위로도 없었다

하지만 사막에서 본 건
죽은 것이 아니라
죽지 않기 위해
오래도록 스스로를 말려온 생명들이었다

낮에는 뜨겁고
밤에는 차가운 말들 속에서도

꽃은 피었고
별은 떠 있었다

그러니까
사막은
끝이 아니라
끝까지 버티는 마음이라는 걸
나는 거기서 배웠다

상처

마음이
한번 찢기고 나면
숨을 쉬는 일도
조심스러워진다

괜찮은 척
멀쩡한 얼굴로
하루를 건너지만
속에서는
눈물처럼
바람이 분다

하지만
살다 보면
조금씩, 아주 조금씩
마음도
살을 다시 덧대듯
붙어가기 시작한다

다시 웃고
다시 듣고
다시 말하면서
상처는 이름을 잃는다

그렇게
서서히
아물고 있는 중이다
완전히 낫지는 않았지만
더 이상
고통스럽지 않은 마음으로

강으로 다시 돌아가는 이유

연어는
흐르는 강을 거슬러 오른다
자신이 태어난 곳을 기억하고
그곳을 향해
끝없는 물살을 밀고 간다

누가 가르쳐 주지 않아도
누가 기다리지 않아도
연어는
돌아간다
가장 고요하고 깊은 자리로

상처투성이 비늘과
부서진 지느러미를 끌고
물살을 가르는 그 생은
아무도 모르게
완성되어 간다

사람도

어떤 기억은

놓을 수 없어

어떤 사랑은

잊을 수 없어

지나간 것을

다시 건너

되돌아가야 하는 때가 있다

그 강이

그 사람일 수도 있고

그날일 수도 있고

아직 끝나지 않은

마음일 수도 있다

쑥국을 끓이던 날

들판에
쑥이 올라오기 시작하면
엄마는 국을 끓였다

비닐봉지 한가득 따 오던 어린 날의 손
흙이 묻은 향기까지
그대로 냄비에 넣던 계절

쑥은
끓이면 끓일수록
쓴맛이 사라지고
속이 든든해진다고 했다

어릴 땐 몰랐다
그 말이
사람에게도 꼭 맞는 말이라는 것을

이제는 나도
누군가의 봄이 되어줄
쑥을 손질한다

2부

흔들리고 남은 것들

동백은 조용히 떨어진다

피어 있는 동안
동백은 아무 말이 없었다

울지도 않고
웃지도 않고
다만, 붉었다

그 꽃이
툭, 하고
온몸째 떨어졌을 때도

누군가는
그제야
그게 사랑이었다고 말했다

조금 늦었지만
조금 더 오래
마음에 남는 방식으로

고백

고이 접어두어 남몰래 펼쳐보던
설레는 마음 참을 수 없어
수줍게 고백하는 나의 첫사랑

한마디 한마디가 부끄러워
붉게 물든 두 볼 위에
순수한 사랑이 피어난다

그대에게 전하고픈
혼자 간직해 온 비밀들
작은 속삭임조차 아름다운 순간

첫사랑의 시작
그대에게 닿은 마음
행복의 눈물이 가슴을 채우는
긴 여정의 시작

옆에 있어 줘서 고맙다

돈이 없어
밥을 간단히 때우는 날도 있고
기운이 없어
말을 줄이고 싶은 날도 있다

누가 뭐라 하지 않아도
괜히 마음이 주눅 들고
지나가는 바람에도
속이 허해지는 날

살다 보면
그런 날이 많다
그래서 괜찮다

비가 너무 오래 온다고
햇살이 아예 없진 않듯
퍽퍽한 삶도
이대로만 흐르진 않을 거다

밥 한 공기라도
따뜻하게 챙겨 먹고
오늘 하루
그냥 무사히
넘겼다면
그걸로 잘한 거다

힘든 날엔
힘내라는 말보다
그냥
내 옆에 있어 줘서 고맙다고
그 말이 더
위로가 된다

하루 일기

하루가 저물면
조용히 책상 앞에 앉아
한 줄씩 나를 꺼내 쓴다

뜨거운 밥에서 피어오르던 김
가게 앞 고양이의 느린 걸음
누군가의 말끝에서 묻어난
미처 말하지 못한 마음까지

소란스러웠던 오늘도
종이 위에 옮겨 적으면
다정한 기억으로 남는다

나의 하루를 적으며
살아 있다는 말을 대신한다

누군가에게 보이기 위해서가 아니라
내가 나를 놓치지 않기 위해서

한 줄, 한 줄
나를 기억하는 중이다

때가 아닌 순간

너는
조금 빨랐다

모두가 아직
장마를 걱정하고 있을 때

홀로 피어난
여름의 코스모스

바람보다 먼저 흔들리고
햇살보다 먼저 지쳐 있었지만

그런 너를 보며
한 사람의 마음이
철을 어기고 찾아오는 순간들을 생각했다

예정에 없던 계절에 피어난 꽃이
조용히 오래 남듯

사랑도
가끔은
그렇게

때가 아닌 순간에 온다

감기

기침을 멈추다
혼자 웃었다
인생도 이렇게
오래 앓는 것 같아서

콧물이 나고
목이 칼칼하고
이불 속에서
자꾸만 스스로가 작아지는 날들

누군가의 다정한 말 한 줄이
약보다도 먼저 낫게 하고
따뜻한 죽 한 숟갈에
마음이 먼저 풀리곤 했다

삶은
지독한 감기 같아서
한참을 앓고 나면
조금 더 단단해지거나

조금 더 순해지거나

그러니까 지금
몸이 아프다면
그건 어쩌면
살아 있다는 쪽으로
기울고 있다는 뜻이기도 하다

늦은 고백

어둠에 익숙해질 때쯤
조용히 스며든 사람이 있다

밝지 않았고
눈부시지도 않았지만
그 사람이 곁에 있을 때
나는 자주
스스로를 덜 미워했다

그 사람은
어딘가를 비추기보다
그저 옆에 있어 주는 쪽의 빛이었다

그때는 몰랐다
그게 얼마나 따뜻했는지

그래서 이제야
조심스레 꺼내본다
당신은
빛이었다는 말을

파도로부터

저 멀리 수평선 너머로부터
흘러 흘러 여기까지 왔다고
모래 위에 닿은 파도가
그간의 소식을 전한다

그리운 이들의 이야기를
하나둘 풀어놓는다
오직 마음으로만 들을 수 있는
많은 편지들을 내려두고

이제는 나의 이야기를 가득 담아
다시 저편으로 먼 여정을 떠나는 파도에게
부디 나의 소식이 잊혀지지 않기를 당부하며
멀어져 가는 뒷모습을 오랫동안 바라보았다

조금 더 오래 바라보는 마음

어릴 땐
꽃이 예뻐도
그냥 예쁘다고만 생각했다

그게 어디서 피었는지
어떤 계절을 건너왔는지
한 번도 묻지 않았다

이제는
길가에 풀꽃 하나에도
자꾸만 눈길이 오래 머문다
작은 꽃잎에도
누군가의 봄이 들어 있는 것 같아
괜히 마음이 따뜻해진다

피는 것도
지는 것도
그저 아름답다고
말해줄 수 있는 나이가 되었다

그러니까
꽃이 더 예뻐졌다기보다
내 자신이 조금 더
예뻐진 마음을 갖게 된 것인지도 모르겠다

지워지지 않는 자리

이름을 부르지 않아도
어딘가에 있는 것

손끝에 닿지 않아도
지속되는 따뜻함

머물다 사라지는 것이 아니라
스스로를 비워내며
더 깊이 자리를 내어주는 일

바라보는 것만으로도
채워지는 순간이 있고
말하지 않아도
전해지는 마음이 있다

함께일 때보다
떨어져 있을 때
더 뚜렷해지는 빛이 있다

사랑은

채우는 일이 아니라

지워지지 않는 자리를

허락하는 일이다

하늘이 맑은 날엔

하늘이 너무 맑은 날엔
괜히
가슴이 뻥 뚫리는 것 같다

속이 시원해지는 것도 같고
마음 어딘가에 쌓였던 먼지가
바람 따라 다 날아간 것 같기도 하다

누가 물어보지 않았는데
괜찮다고
이제 좀 살 것 같다고
작게 웃게 된다

기분이 좋으면서도
어쩐지 조금은
그리워지는 날이다

하늘이 너무 맑으면
자꾸만

누군가의 이름을
속으로 부르게 된다

카페에서

창가에 앉아
하얀 노트북을 두드리는 사람은
무슨 꿈을 적고 있는 걸까
마치 커피 향 속에
내일을 우려내는 것 같은 모습이다

구석 테이블엔
서로 얼굴을 가까이 기울인 두 사람의
얘기인지 웃음인지 알 수 없는 말들에
잔잔한 오후가 기울고 있다

한 손엔 책
한 손엔 머그잔을 든 여자는
아무 말 없어도
스스로와 깊은 대화 중이다

혼자 온 남자가 있다
아무도 보지 않는 창밖을
오래도록 바라보며

커피가 식어가는 것도 잊은 채
그 속엔 아마도
묵은 생각 하나쯤 타고 있을 것이다

카페 안에는
음악보다 작은 소리들이 가득하다
삶을 이어 붙이는 키보드 소리
오래된 우정 같은 웃음소리
마음속 혼잣말 같은 조용한 숨

이 작은 공간 속에서
사람들은 각자의 이야기로
하루를 볶아내고 있다
한 잔의 커피처럼
진하고도 따뜻하게

고요히 건네는 마음

작은 바람이 스친다
풀잎이
한 번 더 흔들려 준다

빛은 멈추지 않고
어둠 또한 자리를 비우지 않는다

떠나는 것과 머무는 것
피어나는 것과 스러지는 것
모두가
아무 말 없이
자리를 지킨다

이름 없이 건네지는
하루의 장면들
그 안에서
무언가를 느끼는 일은
항상 늦게 온다

때로는
그저 바라보는 것만으로도
충분하다는 듯

지나간 것들이 남기는
따스한 온기를 따라
고개가
조심스레 숙여진다

자라지 않은 기억

아무도 몰랐지만
그때의 나는
혼자 조용히
자주 울었다

말 대신
방 안의 벽지에게
꿈 대신
베개 끝자락에게
서운한 마음을 맡기곤 했다

어른이 된 지금도
가끔 이유 없이 마음이 젖는 건
그 시절의 내가
아직 그 자리에 있기 때문일지도 모른다

어른이 되면
다 괜찮아질 줄 알았지만
아픈 기억은 자라지 않고

그 자리에 그대로 남아 있다

그러니
지금의 내가 해야 할 일은
그 아이를 잊는 게 아니라
매일 한 번쯤
괜찮았냐고,
수고했다고
말을 걸어주는 일일지도 모른다

별의 자리

별이 빛나는 건
그 자리를 떠나지 않기 때문이다

어떤 별은
이미 사라졌지만
그 빛은 아직도 도착하지 않은 중이다

마음도 그렇다
이미 떠나버린 사람인데
그 사람의 말, 눈빛, 침묵은
아직도 마음 한구석
어딘가에 머물러 있다

가끔
밤하늘을 바라보며
그 사람의 자리를 더듬는다

사라졌지만 사라지지 않은
멀지만 늘 가까운

어디에도 없지만
마음에는 남아 있는
그 별의 자리를
아직도
잊지 않고 있다

갈등의 파도

물결처럼 번지는 폭풍 전야
얽히고설킨 복잡한 마음
알 수 없는 감정의 미로 속
헤어나가지 못하는
공허한 슬픔
그 뒤에 공존하는 사랑
말없이 서로를 바라보며
일렁이는 감정의 파도가 잠잠해지길
기다린다
끝없이 번져가는 갈등 속
교차하는 슬픔
출구 없는 미로 속에 갇힌 채
벗어나기 위하여 다시금
그대를 물끄러미 바라본다

소풍이 끝나는 날

긴 여정을 마치고 떠나는 이들이 하나둘 늘어간다
비와 바람, 뜨거운 햇살과 시린 겨울을 셀 수 없을 만큼 겪고
다리가 저릿할 만큼 참 오래도록 걸어온 삶이 그 끝을 향해갈 때
비로소 마음 편히 들판에 앉아 또 다른 여정에 대해
생각하고 준비하던 이들의 모습을 잊을 수 없다

가본 적 없는 새로운 길을 떠날 생각에
또 어떤 서사가 펼쳐질지 가슴이 설렌다고 했다
긴긴 여정의 끝에서
다음 여정을 위해 기도로 준비하는 이와
꼭 다시 만나자는 슬픈 약속으로
마지막 인사를 대신했다

비 오는 날

고요를 깨우는 빗방울
한 음절씩
창가를 적시며
세상의 숨결을 되살린다

한없이 흐르는
비의 노래를 따라
마음도 가만히 젖어간다

혼자 남겨진 오후
가슴 깊은 곳까지 스며든
빗소리에 스스로를 감싸안는다

비는 언제나
침묵의 손끝으로
마음속 빈방을 두드린다

한산한 거리 위
축축한 외로움이

쫄딱 젖은 채 뒤를 따라오고

여전히
빗줄기 속으로 깊이깊이 걸어 들어간다

비 오는 날
묵직한 흙냄새와 바람 사이 그 어디쯤
작은 행복이 숨어 있다

그 소소한 것들을 찾아
비에 젖은 신발을 신은 채
계속해서 세상 앞으로 나아간다

잡초라는 이름으로

잘라도 잘라도
다시 자란다

뿌리를 뽑아도
어디선가
다시 살아난다

아무도 불러 주는 이 없고
꽃이라 하지 않아도
자기 방식대로
삶을 살아 낸다

햇살이 부족하면
그늘에서 크고
비가 너무 많이 와도
잠깐 눕는 척하다
다시 일어난다

가끔

잡초 같은 사람을 본다
사는 일이
매번 질리고 꺾이는 일이라도
다시 살아가는 사람

잡초는
풀 중의 풀이 아니라
이름 없는
가장 단단한 생명이다

우체통 앞에 서면

편지를 쓴다
도착할지 모를 곳을 향해
마음을 접고 접어
작은 봉투에 넣는다

우체통 앞에 서면
마음이
어쩐지
말캉거리는 것 같다
누군가에게
내가 아직
무언가를 보낼 수 있다는 것만으로도

편지는
도착보다
보낸다는 일이 더 따뜻하다

사랑도 그렇다
받지 않아도

전해지지 않아도
그저 보냈다는 사실 하나로
마음이 훤해지는 날이 있다

네잎클로버

풀밭에 엎드려
한참을 찾았다
세 잎이 가득한 초록 속에서
단 하나
네잎클로버를 만나면
행운이 온다고 믿었다

손끝은 흙냄새로 물들고
무릎은 벌겋게 닳았지만
마음만은
들뜬 봄처럼 가벼웠다

그 시절에 나는
믿고 있었다
작은 풀잎 하나가
하루를 바꿔줄 수 있다고
아무 일이 일어나지 않아도
행복이 오리라 생각했던 날들

이제는
네잎클로버를 잘 보지 못한다
그게 희귀해서가 아니라
더 이상 희망을 찾으러
고개 숙이지 않게 되었기 때문이다

꽃향기

이름도 다르고
색도 다르고
피는 때도 다른 것들이
한자리에 머물러 있다

무엇이 먼저 피었는지
누가 더 오래 남는지는
아무도 묻지 않는다

바람이 지나가면
다 함께 흔들리고
햇살이 쏟아지면
가만히 받는다

누구도 중심이 아니지만
누구도 모서리가 아닌

그렇게
서로 다른 빛이 모여

하나의 풍경을 만든다

꽃밭이 말하는 일은
소리보다
향기에 더 가깝다

다시 닿을 수 없는 장면들

파도 소리에 뒤섞인 웃음소리
저마다의 추억을 모래 위에 새기는 발자국들
뜨거운 태양처럼 열정 가득한 꿈
그 기억들이 아직도 생생하다

바다는 여전히 푸르지만
지난 추억은 빛바랜 사진으로만 남아 있다
붙잡아 두고 싶던 순간들이
흐르고 흘러 어느새 여기까지 왔다

저 젊음의 바다
그 시절 우리는
세상 모든 걸 가질 듯했다

지금 남은 건 추억의 조각들
그 속에 담긴 미소와 눈물
그저 아련한 것들이다

끝없는 수평선 너머로부터

지난날들이 파도처럼 밀려와
그리움에 젖어 드는 날
당신과 나만이 알고 있는 이야기를 회상하며
미소 짓는다

기억의 속도

차들이 달린다
누군가는 집으로
누군가는 멀어지는 누군가에게로

길가에 서서
그 끝도, 속도도 알 수 없는
흐름을 바라본다

빨간 신호등 앞에 멈춰 선 차들의
조용한 브레이크 소리마저
어쩐지
마음속 무언가를 멈춰 세우는 것 같다

언젠가
나도 저렇게
누군가의 기억을 싣고
어딘가를 향해 달렸던 적이 있었던가

엔진 소리 사이로

불쑥 떠오르는 이름 하나
지나간 계절 하나
깜빡이는 신호처럼
마음을 흔들고 지나간다

가만히 그 자리에 서서
오래된 생각에 잠긴 채
조용히
한 사람의 시간을 흘려보내고 있었다

겨울이 오면

창밖엔 하얀 숨결이 쌓이고
골목길엔
양손을 주머니에 넣은 사람들이
고개를 숙인 채 걷고 있다

겨울은
불빛이 더 따뜻해 보이는 계절
편의점 창가에 기대어 선 청년조차
커피 한 잔을
오래 바라본다

바람은 차고
해는 짧고
나뭇가지는 앙상하지만
그 사이사이로
소복이 쌓이는 건
침묵과 기다림이다

누군가는

모닥불을 그리워하고
누군가는
서늘한 이불 속
말 한마디를 기다린다

겨울이 되면
사람들은
더 자주 마음을 불러낸다
이불처럼
따뜻한 말 한마디 꺼내기 위해

꽃을 안고 걷는 여자

꽃을 안고 걷는 여자가 있다
햇살 한 줌, 바람 한 줄기
그녀의 걸음마다 따라붙는다

누군가를 위해 준비한 꽃일까
아니면
그녀 자신에게 건네는 작은 선물일까

어깨엔 하루의 피로가 묻어나지만
품에 안은 꽃에서는
방금 피어난 기쁨의 향기가 난다

횡단보도 앞에 멈춰 선 순간에도
그녀는 미소를 짓고 있다
마치 사랑을 들키기라도 한 듯
조금은 수줍은 얼굴로

누군가를 위해
아니, 어쩌면 스스로를 위해

꽃을 들고 걷는 사람은
세상에서 제일 아름다운 마음을 지닌 사람이다

그녀가 걷는 길 위엔
햇살보다 더 환한 무언가가
피어나고 있다

무너지지 않기 위해

해가 져도
가지 않는 마음이 있다

늘어나는 생각과
무게를 알 수 없는 날들
잠들지 못한 채
슬픔과 우울 사이에서
아슬아슬 줄타기를 한다

지금은
자신을 돌아볼 때

아프고 나서야
사랑을 알게 되듯
지나고 나면
조금 더 단단해진다는 것을 믿는다

고마운 건
이 또한

살아내는 과정 중 하나라는 사실

무너지지 않기 위해
가만히
멈춰 서 있는 중이다

멀리서 보면 아무 일도 아니었다

바람이 세게 불던 날이었다
가슴속 무언가가
터질 듯 부풀었다

어디든 멀리 가고 싶었고
무게를 벗고 싶었다
하늘도, 바다도
그날은 너무 가까워 보였다

지금 돌아보면
아무것도 아니었다는 듯
그때의 숨, 그때의 울컥함
모두
조용히 흘러갔다

그 순간엔
세상이 너무 커서
숨조차 쉬기 어려웠지만

지나고 나면
어떤 마음도
날 수 있었고
어떤 날개도
허공을 가를 수 있었다

멀리서 보면
그 모든 날들이
참 조용했다

가을바람이 지나간다

서늘한 바람이 스며드는 날이면
한 사람의 뒷모습이 떠오른다

식어가는 사랑의 온기
흩날리는 나뭇잎처럼
마음도 천천히 흩어진다

함께했던 시간은
손에 잡히지 않게 멀어졌고
말없이 흘러간 하루들이
이제는 그리움으로 남는다

이별은 언제나
바람처럼 다가와
아무 말 없이 스쳐 간다

무언가를 붙잡고 싶은 마음조차
점점 작아지고

지나간 사람의 이름이
귓가에 스친다

가을바람이 지나간다
남겨진 마음 하나
그 자리에서
한참을 흔들린다

책갈피에 남긴 밤

잠이 오지 않았다
불을 켰다
책을 펼쳤다

결말을 알고 있지만
그래도
다시 읽는다

한 문장에
마음이 걸린다

생각이 튀어나온다
지나간 사람
떠난 계절

책갈피를 꺼내어
그 사이에
지금 이 마음을 눕힌다

다시 책을 덮는다
마음은
그대로 남겨 두고

사이판에 남은 여름

맑고 투명한 바다 앞에 서 있다
햇살이 내려앉고
물결은 말없이 흔들린다

하루가 천천히 저물어 가도
파도는 안부처럼
발목을 스쳐 간다

한때 머물렀던 마음은
여전히 그 자리에 있다
파도가 다 지우지 못한
기억처럼

가볍게 불던 바람이
속을 한번 비워 놓고

해변 끝에 멈춘 발자국 하나
하늘에 뜬 별을
하나둘 세다 말고

여름은 저물고
빛이 스러진 자리엔
모래만 남아
살며시 반짝인다

빈곤

어두운 밤하늘
별도 없고 달도 없는 그 밤
고독과 절망이 무성하게 자라나

채워지지 않는 마음의 허무함
공허가 가슴을 짓누른다
가난은 죄가 아니라는 이와
가난도 죄라고 하는 이

그 속에서 작은 빛이라도 찾아
기필코 출구에 도달하겠다고
굳은 결심을 하는
아직은 캄캄한 밤

슬픔도 사치였던
이제는 많은 것을 가진 자의
과거 회상
더 이상 빈곤하지 않은 이의 빛바랜 일기장

3부

그저, 거기에 있었다

프리지어 향기

프리지어가 피는 날이면
가볍던 봄 햇살도
아프게 느껴진다

어디선가 본 듯한 얼굴
익숙한 거리

환하게 웃던 기억 하나가
꽃잎처럼 떠오른다

향이 스치면
잊었던 말들이 돌아온다
눈을 감으면
손에 닿지 않는 마음이 피어난다

모든 건 흐르고
남는 건
가슴 어딘가에 눌러둔 한철

프리지어는 지고
그 봄도 지났지만
그 계절의 향기는
아직 남아 있다

순수의 종말

그런 시절이 있었던가
이제는 기억도 잘 나지 않는
오래전
순수했던 아이는
풍파를 겪으며 순수의 꽃잎이
하나, 둘
급기야 우수수 떨어져
벌거숭이가 되었다고 한다

더 이상 순수할 수 없어
오랜 기억도 애써 지워버리고
세상의 등살에 치여
여기저기 멍이 든
몸뚱이만 남아

모두가 잠든 고요한 시간
입을 꾹 틀어막고 속으로 운다고 한다
그래서 어제도 울었고
오늘도 울고 있는 몸만 커버린 아이가 안타까워

나도 같이 울었다

깊은 밤
더 이상 순수하지 않은 이들의 울음소리는
들어도 모른척하도록 하자
당신의 통곡에 말 건네는 이 없듯이

매화꽃 필 무렵

겨울이 지나고 마침내 봄이 찾아올 즈음
여기저기 피어나는 매화꽃
떠나기를 주저하는 추위 속에서도
굳건히 꽃을 피운다

은은하게 퍼져나가는 향기에
마음에는 이미 봄이 왔다
피어난 매화꽃을 보며 삶을 돌아본다
긴 겨울 끝에 봄을 맞이한 지난날과 닮아 있다

여운을 간직한 매화꽃 향기처럼
오래도록 향기를 품고 있는 사람이 되고 싶다

하늘 위에서

비행기에서 내려다본 발아래 세상
색색의 작은 조각들이 각자의 자리에서
빛을 발하며 빛나고 있다

그리고
그 안에는 여전히 빛날 그대도 있겠지

생일

아침에 눈을 떠 내가 나에게
가장 먼저 축하를 전했다
"생일 축하해"
그 한마디로 따뜻한 하루를 시작할 수 있었다

달력 한 귀퉁이에 작게 표시해 둔 날짜
누구보다 나 자신이 기다려 온 날
별일 없더라도
오늘은 그냥 기분이 좋은 날

작은 케이크 하나,
좋아하는 향초를 켜고
촛불보다 먼저
마음속 소원을 불어본다

사랑받고 싶은 날이 아닌
사랑을 기억하는 날
나라는 사람이
이 세상에 와서 참 다행이라고

스스로를 위로하는 날

한 해를 더 살아낸 나에게
잔잔한 박수를 보낸다
오늘은 나의 생일이다
그 사실만으로도 충분히 의미 있고
행복한 날이다

나무의 시선

무수한 잎들이 휘몰아치는 바람에
작별인사를 건넬 틈도 없이 서로의 손을 놓아버릴 때
절대로 넘어져서는 안 된다고 다짐하며 눈물을 삼켰다
쏟아지는 빗줄기를 온몸으로 막아서며
작열하는 태양 빛에 온몸을 데어가며
여린 마음이 많이도 단단해졌다

매섭도록 시린 세월을 견뎌내고 얻은 주름살 위에 핀 미소
깊어진 인내와 심지(心志)는 새로이 시작된
오늘을 살아가는 힘
그렇게 살아진다
그래도 살아진다
머리 위로 살살 불어오는 바람결에 기분이 좋아졌다면
고개를 들어 그대 위 나무를 보자
자글자글 눈웃음으로 그대를 품어줄
나무를 올려다보자

추억 회상

현실 도피는 아니다
지금도 충분히 행복하므로
단지
찬란했던 시절의 가벼운 날갯짓과
무엇이든 될 것만 같았던
철없는 호기로움

시간의 흐름 속에
몸 사리는 겁쟁이로 바뀐 모습이
영 마음에 들지 않아

가끔은 용감했던 시절이
그 시절 내 용기에 힘을 실어주던 얼굴들이
살다가 살아가다가 불현듯 떠올라
종일 그리움으로 마음이 출렁인다

그날의 바람

오래된 사진 속 두 사람은
서로를 보고 있다
웃고 있는 것 같지만
어딘가
말을 멈춘 사람처럼 보인다

배경에 있던 바람은
이미 사라졌고
그날의 온도도
지금은 없다

사진은
멈춘 것처럼 보이지만
그 안에서는
모든 것이 계속되고 있다

다시 돌아갈 수 없다는 걸
알면서도
자꾸 꺼내 보는 이유는

그 속에

아직 남아 있는 마음 하나

잊을 수 없어서일 것이다

가시

그대 향해 걷는 길
툭 튀어나온 돌부리에 걸려
넘어지고 말았다

손에 묻은 흙을 털고
무릎을 털고
다시 걷는데 손바닥이 따갑다

작은 흙 알갱이를 털어내도
아픔은 가시지 않고
통증이 깊어진다

자세히 보니
손에 박힌 가시의 통증이
손을,
가슴을,
눈을 아프게 한다

그래서

그대에게 가는 길 멈추었다고
그럴듯한 핑계 하나 또 만든다

늦은 깨달음

꽃이 필 때가 되었으니 피었고
열매 맺을 때 되었으니 열매가 열린다고
당연하게 생각했다

곁에서 가득 안아주던
따뜻한 그대의 사랑이 멀어진 날
모든 것이 다 당연한 건 아니란 걸 알았다

혼자 잘나서 대단한 줄 알았던 지난날
그대가 떠난 후에야
사실은 그 무엇보다 형편없던 것임을

너무 늦게 알게 되었다

어린 왕자

어린 왕자가 헤매던 별의 꿈
잊히지 않는 그 따뜻한 마음
별빛이 반짝이는 어둠 속에서
그리움의 여행을 떠난 작은 소년

바람이 휘날리는 잔잔한 사막
한 줄기 빛 따라 걸어가는 아이
별들의 노래가 흐르는 밤하늘
그의 마음을 여전히 울리고 있다

어린 왕자가 가슴 깊이 남긴 이야기
마음이 놓이는 별들의 나라에서
그리움의 여정이 계속되고 있다

백년해로

다음 생은 없다는 남편에게 당부한다
우리 나이 네 살 차이
내 나이 100살
당신 나이 104살 때까지 건강하게 살다 가자고

그렇게까지 오래 살 계획은 없었다며
허허 웃는 당신이지만
함께 오래이고 싶은 서로의 바람
지지고 볶고 싸우기를 셀 수 없이 더 할 테지만
그것도 지나고 보면 그렇게 나쁘지만은 않은
시간들이었길 바라본다

이 모든 바람 하나라도 틀어져
누가 먼저 세상을 떠난다면
먼저 간 이가 나중 가는 이 마중하자고
무겁지만 꼭 그랬으면 싶은 소망을 나눈다

그날이 오지 않으면 좋겠지만
언젠가는 반드시 올 날

덕분에 행복하게 백년해로했다고
고마웠다는 인사
당신에게 꼭 전하고 싶다

비워진 순간 속에서

햇살이 반쯤 머문
창문 유리에 손바닥을 대면
하루가
조금은 더 따뜻해진다

설거지 끝에 남은 거품 하나
가볍게 터뜨리며 웃는 순간에도
사람은 사랑을 배운다

우유를 데우며 들리는
가스레인지의 숨소리
그 작은 소란마저
집이라는 이름이 된다

거울 앞에서
머리칼을 빗는 이의 어깨에
잘 지내라는
속삭임이 내려앉는다

누군가는 대단한 기적을 꿈꾸지만
작고 소소한 것들만으로도
하루는 충분히 아름답다

비워진 순간 속에서
곁이라는 이름이
가만히 고개를 든다

아무 이유 없이 웃는 날

텃밭에 핀 상추 이파리 위로
이슬이 반짝인다
먼지 낀 신문지를 걷어낸 창에도
햇살이 오래 머문다

막 삶아낸 감자의 김 사이로
느릿한 행복이 흐르고
웃음소리 섞인 라디오에서는
낡은 노래가 흘러나온다

공기가 맑아지는 날이면
새들은 평소보다 크게 노래하고
바람은
빨랫줄에 걸린 셔츠를 가볍게 흔든다

딱히 좋은 일이 없었어도
무언가가
충분히 괜찮다고 말해주는 오후

그것만으로도
오늘은
참 좋다

수박주스

반으로 갈라진 여름이
붉은 속살을 드러냈다

숟가락 끝에서
달콤한 오후가 퍼지고
얼음 몇 조각이
기억을 천천히 식혀주었다

믹서기 안에서
작은 소란이 일고
곧이어 조용해진 주방에
시원한 주스 한 잔이 놓였다

창밖은 여름이었고
창 안도 여름이었다

한 모금 입에 닿는 순간
뜨거웠던 말들이
서늘한 침묵으로 녹아내렸다

그 한 잔을 다 마시는 동안
누군가의 마음이
천천히 이해되었다

수박주스는
달콤해서가 아니라
그 계절의 온도를
그대로 담고 있어서 좋았다

눈부신 것들은 가끔 서툴다

가을이 다 오기 전인데
붉은 잎 하나가
먼저 물들어 있었다

모두가 같은 색을 고를 때
혼자 빛나는 일은
외로운 용기였다

햇살이 오래 머물던 오후
바람이 그 잎을 가만히 흔들었고
아무 말 없이
세상은 그 잎을 중심으로 돌아갔다

이르다는 이유로
누군가는 눈치채지 못했겠지만
그 순간만은
어떤 시절보다 뜨겁고
어떤 하루보다 진심이었다

빛나는 것들은
계산보다 감정이 앞서고
그래서 더 자주, 더 깊이
흔들린다

서툴렀다는 건
진심이었다는 말의
다른 얼굴과도 같다

남은 자리

길 위에는
서로 다른 방향으로 남겨진
발자국이 있다

헤어짐은 누구에게나
다른 색으로 남고
말 없는 마음들은
저마다의 자리로 돌아간다

바람이 지나간 창가
가만히 흔들리는 커튼 사이로
새로운 계절이 들고 나며
따뜻한 찻물이 식는다

어느 날엔
머물지 못했던 감정이
다른 이름으로 피어나고

잎이 지고도

다시 꽃이 피듯

사랑도

모양을 바꾸며 돌아온다

아득한 그리움의 기억

누군가의 발소리가
지나간 적 없는 길 위에 남아 있다

흐릿한 숨결처럼 맴돌던 말들이
지금도
어딘가를 맴돈다

그때는
무엇을 잃은지도 몰랐지만
돌아보면
텅 빈 자리에 마음이 닿는다

이름도 없고
형체도 없고
다만 잊히지 않는 어떤 기척

어디에도 없던 장면이
어쩌다 한순간
머릿속에 또렷이 놓인다

그리움은 늘
알 수 없는 모양으로
기억을 꺼낸다

꿈

긴 시간
서랍 속에 접어 넣은 한 조각 마음이 있었다

세상에 꺼내 보이면
누군가 웃을까 봐
스스로도 잊은 척했던 그 조각

바쁘게 살아야 한다는 말 앞에서
늘 뒷줄로 물러났던
작고도 분명한 그 불빛 하나

그 불빛이
오늘따라 자꾸 눈에 밟힌다
오래된 노트 가장자리처럼
구겨졌지만 지워지지 않은 이름처럼

이제는
비웃는 사람 있어도 괜찮다
조금 늦었다고

사랑하지 말란 법은 없으니까

하루에 한 걸음이면 된다
이제라도
그 마음을 향해 걷기 시작하면
그게
꿈이다

마음에 물을 주는 일

화를 내지 않았다
그저 입을 다물고
손에 쥔 컵을 놓지 않았다

뜨거운 것이
안에서 끓고 있는 줄 알면서도
그걸 쏟아버리면
무너지는 건 내가 될까 봐

조금씩
숨을 들이마셨다
깊고 천천히
화 대신 숨을 삼키며

누구의 잘못인지 따지기 전에
마음을 쓰다듬고 있었다
속이 까매진다는 말이
그제야 이해되었다

그러니까

화를 참는 게 아니라

속이 타는 마음에

조금씩

물을 주는 일이라는 것을

리티디안의 바람은 다 알고 있었다

말없이 불어오는 바람이
등 뒤를 쓸고 지나갈 때
묻지 않아도
무언가가 들킨 듯 가슴이 저릿했다

그곳의 바람은
이름도 사연도 묻지 않았고
그저 한 사람의 무게를
가볍게 안고 있었다

발밑으로 흩어지는 모래처럼
참았던 감정이 조금씩
흘러내렸다

멀리 떠밀려 가는 파도처럼
돌아오지 않을 말을
속으로 몇 번이고 삼켰다

그 바람 앞에서

울지 않아도
눈물처럼 가벼워지는 순간이 있었다

리티디안의 바람은
다 알고 있었다
말하지 않아도,
다치지 않기를 바라는 마음까지도

밤 비행기

모두 잠든 시간
혼자 이륙하는 마음이 있다

작게 떨리는 창밖 어둠을
낯선 불빛들이
조금씩 밀어내며 따라오고

기내 등 아래
말 못 한 생각들이
하얀 종이처럼 펼쳐진다

떠난다는 건
도착보다 먼저
자신과 멀어지는 일

누구에게도 말하지 않고
자리를 벗어난 마음은
비행기처럼
천천히 고도를 올린다

사랑은 남기고 떠났고
후회는 가방 안에 접어 넣었으며
슬픔은
멀어지는 도시의 불빛 속에 묻혔다

이 밤,
누구에게도 들키지 않고
새로이 시작되는
한 사람의 이야기

보이지 않는 일

아무도 보지 못하는 곳에서
무언가 자라고 있었다

흙처럼 조용하고
물처럼 꾸준하게
말없이도
안에서부터 밖으로
작은 힘이 움직이고 있었다

손으로 만질 수 없고
눈으로도 확인되지 않지만
그 일은 분명히
지금 이 순간에도
계속되고 있었다

세상에 드러나는 건
언제나 마지막이고
가장 많은 일은
숨겨진 곳에서 일어난다

그렇게,
보이지 않는 일이
어느 순간
모습을 드러낸다

소리를 삼킨 물결

파도는
무언가를 말하려다
끝내 부서졌다

거친 숨처럼 몰아치다가
다시 아무 일도 없었던 듯
물러났다

어둠보다 깊은 마음 하나가
그 물결 앞에서
조용히 떨리고 있었다

소리를 내면
모든 게 무너질 것 같아
아무 말도 하지 않았다

그 밤,
울지 않아도
분명히 울고 있는 것이
있었다

사이다

말로는 다 못 풀던 하루였다

억울했고
부끄러웠고
아무한테도
투정 부릴 곳이 없었다

뚜껑이 열리는 소리
톡,
잠시 멈췄던 숨이 다시 흘렀다

차가운 거품이
목을 타고 내려가는 동안
속이
살아났다

위로는
꼭 따뜻할 필요는 없다

일주일의 행복

월요일에는
다시 시작할 수 있다는 마음 하나
조용히 내려앉고

화요일에는
잊고 있던 이름을 누군가 불러주었다

수요일쯤 되면
커피잔에 남은 온기만으로도
마음이 따뜻했다

목요일엔
길가에 핀 꽃을 보고
걷던 발걸음을 멈추었다

금요일에는
퇴근길 버스 창에 기대
작은 한숨을 놓아주었다

토요일에는
묻어두었던 책장을 열었고

일요일엔
별다른 일 없이 쉰 하루가
참 고마웠다

그렇게,
행복은
특별한 날보다
특별하지 않은 날에
아무 말 없이
옆에 머물렀다

너의 봄

새 생명이 눈을 뜨고
긴 겨울의 숨이 멈춘 자리마다
따뜻한 빛이 스며들었다

바람은 말을 아끼고
나무들은 조용히 옷을 갈아입었다
피어나는 것들 앞에서
가만히 숨을 고르게 된다

언 마음 위에
작은 발자국 하나가 깊어질 때마다
아득한 그리움이
물처럼 고였다

청춘도 사랑도
언젠가 피어나리라 믿으며
먼 길을 돌아오는 철새처럼
눈물보다 먼저 불어오는 바람처럼

그토록 기다리던 너의 봄은
어느새 곁에 와 있었다

샛노란 나비
햇살 아래 수줍은 목련
담장 너머 웃는 개나리
소리 없이 붉어진 진달래까지

이 모든 피어남이
너의 봄이었다

말 대신 날개를 펼쳤다

목 끝까지 차오르는 말들이
숨을 삼킨다

입술은 굳고
손끝이 먼저 떨릴 때
푸드득
진심이 번져간다

괜찮다고 되뇌며
가슴안을 몇 번이고 맴돌았다

어쩌면
더 멀리 가기 위한
짧은 준비였는지도 모른다

지쳐도
허공을 향해
몸을 띄우고
빛을 따라

천천히 떠오른다

속도가 붙고
바람이 어깨를 스치면
묵은 감정 하나
깨어난다

혼자 부르던 노래가
귓속에 번지고
깃 안쪽이
따뜻해진다

아무도 알아채지 못한 날갯짓
그것이
아프지만 아름답다고
누군가 말해주기를 바라며

말 대신
날개를 펼쳤다

불완전한 문장

말끝이 자꾸 날카로워진다
의도한 건 아니었지만
누군가 다친 뒤에야
문장이 틀렸다는 걸 알게 된다

입안에서 씹던 말들은
삼키기엔 쓰고
내뱉기엔 너무 날이 서 있다

괜찮냐는 물음은
누구에게나 던지는
작은 구조 신호였고

웃음 아래
진심은 접혀 있었다

가끔은
사람도, 시도, 신도
무력하게 느껴지고

세상이 앞질러 가는 속도에
무너진 마음들이 있었다

그래도
어떤 존재는
하루에 한 문장씩
자기 자신을 고쳐 쓰고 있다

쉼표는 남겨두었고
마침표는 아직 두지 않았다

가로수처럼

누가 바라봐 주지 않아도
늘 같은 자리에 서 있다

비가 와도
눈이 와도
가로수는
팔을 내리지 않는다

언젠가 누군가
이 길을 걷다
잠깐 멈춰 설지도 모른다는
그 마음 하나로
한 계절을 견딘다

잎이 피고 지는 일에도
서두르지 않고
바람에 흔들리는 일조차
누군가의 위로가 되기를 바란다

세상에 흔들리는 마음들이
너무 많을 때
가로수는
자기 그림자 하나를
길게 드리운다

넘어지지 말라고
그늘이라도 되겠다고
말 대신
서 있는 것이다

얇은 커튼

문을 닫지 않았다
열린 창 사이로
바람이 들어왔다

커튼이 천천히 흔들렸다
누가 등을 토닥이는 것 같았다

딱히 보고 싶은 얼굴이 있었던 것도 아닌데
가슴 한쪽이
기울었다

한참을 그렇게 바라보다가
살고 싶다는 생각이 들었다

이유는 없었다
그저
바람이 지나가고 있었을 뿐인데

눈 부 신

것 들 은

가 끔

서 툴 다

초판 1쇄 발행　2025. 7. 9.
　　　2쇄 발행　2025. 8. 4.

지은이　구혜온
펴낸이　김병호
펴낸곳　주식회사 바른북스

편집진행　황금주
디자인　최다빈

등록　2019년 4월 3일 제2019-000040호
주소　서울시 성동구 연무장5길 9-16, 301호 (성수동2가, 블루스톤타워)
대표전화　070-7857-9719 | **경영지원**　02-3409-9719 | **팩스**　070-7610-9820

•바른북스는 여러분의 다양한 아이디어와 원고 투고를 설레는 마음으로 기다리고 있습니다.

이메일　barunbooks21@naver.com | **원고투고**　barunbooks21@naver.com
홈페이지　www.barunbooks.com | **공식 블로그**　blog.naver.com/barunbooks7
공식 포스트　post.naver.com/barunbooks7 | **페이스북**　facebook.com/barunbooks7

ⓒ 구혜온, 2025
ISBN 979-11-7263-474-2 03810

•파본이나 잘못된 책은 구입하신 곳에서 교환해드립니다.
•이 책은 저작권법에 따라 보호를 받는 저작물이므로 무단전재 및 복제를 금지하며,
이 책 내용의 전부 및 일부를 이용하려면 반드시 저작권자와 도서출판 바른북스의
서면동의를 받아야 합니다.